Fun
IPA
Transcription

a new perspective for practical phonetics

Yumiko Imai   Hiroko Ueda   Tomomi Otsuka

EIHŌSHA

本書について

　本書は、英語音声学テキスト『Sounds Make Perfect』（英宝社）のワークブックとしての位置づけで誕生した。音声の学習において発音記号（IPA：International Phonetic Alphabet, 国際音声字母、以下 IPA）が表す音を理解することは学習目標の第一義であるが、IPA だけで書かれたものを読む、あるいは音を聞きながらそれらを IPA で書き表すといった実践にはなかなか結びついていない。音声学を通して学んだ IPA をもっと自由自在に使いこなすために、本書では段階的に IPA に親しみつつ「書く・読む」ことの練習を行い、最終的にセンテンスを IPA で書き表すことへとつなげていく。IPA は発音を表すために用いられる記号で、スペリングや言語の種類に関係なく同じ音を同じ記号で表す。本書のねらいは、IPA と音の一致が生まれ、音を書き表す楽しさや便利さを知ることができるようになることである。

　本書では、Lesson ❶ ～ Lesson ❿は母音・子音の IPA の書き方の確認と、単語の発音を IPA で書く（Part 1）、IPA で書かれた単語を読む・スペリングにする（Part 2）、IPA で書かれた文を読む・スペリングにする（Part 3）という課題を用意した。Lesson ⓫～⓴では、音のつながり、ピッチとイントネーション、内容語と機能語、ポーズなど、音韻論の分野についても同じ視点でまとめた。また、課題にはチェック欄（ □□□ ）を設けたので目的に応じて活用していただきたい。本書には CD 教材がついている。長めのセンテンスには意味のまとまりでポーズを入れているが、そのポーズがやや長めで不自然だと感じられるかもしれない。学習者に「意味のまとまり」を理解してもらうための長さであることをご理解いただければ幸いである。

　英語は世界中で多くの人に用いられている言語で、その方言差も大きい。また辞書によっては発音表記方法において若干の違いも見られる。本書における単語の IPA 表記についてはジーニアス英和辞典第 4 版を参考にしているが、学習者が使用する辞書により母音の表記が異なる場合があることを考慮し、本書では同一の母音を示す複数の表記がある場合はそれらを併記することにした。また、本書における Lesson ❶ ～ Lesson ❿ の IPA の名称については『世界音声記号辞典』（三省堂）を参考にした。執筆にあたり、発音記号について細かなアドバイスを頂いた大阪大学の米田信子先生、また、英語表現について助言を頂いた同志社女子大学の﨑ミチ・アン先生、に心から感謝の意を表したい。

　最後に、英語学習者がこのワークブックを通してより一層、音声学・音韻論への理解と興味を深めていただくきっかけとなれば幸いである。また、英語教師を目指す教職課程履修生や現役の英語教師のためのトレーニング教材としての可能性にも期待している。

2018 年 10 月

著者一同

CONTENTS

英語の母音・子音　　6
文強勢と強勢記号　　7
Let's be friends with IPA!（Vowels）　　8
Let's be friends with IPA!（Consonants）　　9

Lesson ❶　前舌母音（front vowels）　　10
Lesson ❷　後舌母音（back vowels）　　12
Lesson ❸　中舌母音（central vowels）　　14
Lesson ❹　二重母音（diphthongs）　　16
Lesson ❺　/ər/ を含む二重母音（diphthongs）　　18
Lesson ❻　閉鎖音（stops）　　20
Lesson ❼　鼻音（nasals）　　22
Lesson ❽　摩擦音（1）（fricatives）　　24
Lesson ❾　摩擦音（2）（fricatives）と破擦音（affricates）　　26
Lesson ❿　側音（lateral）と接近音・半母音（semi-vowels）　　28
Lesson ⓫　音のつながり－連結－（linking）　　30
Lesson ⓬　音のつながり－脱落－（elision）　　32
Lesson ⓭　音のつながり－同化－（assimilation）　　34
Lesson ⓮　音節の分け方（syllabication）　　36
Lesson ⓯　ピッチとイントネーション（pitch and intonation）　　38
Lesson ⓰　ポーズ（pause）　　40
Lesson ⓱　内容語と機能語（content words and function words）　　42
Lesson ⓲　基本のイントネーション－下降・上昇－　　44
　　　　　　　（Intonation Part1）
Lesson ⓳　イントネーション－列挙・選択疑問文・付加疑問文－　　46
　　　　　　　（Intonation Part2）
Lesson ⓴　イントネーション－感嘆文・話者の意図・強調－　　48
　　　　　　　（Intonation Part3）

Can you spot the sound?　　51
How about these consonants?　　52

【 英語の母音・子音 】

　言語を構成する音は大きく母音と子音に分けられる．声を出すときの空気の流れに対して妨害や制限が加えられないものが母音，何らかの妨害や制限が加えられるものが子音である．

　母音の音色は次の3つの要素で決定づけられる．
　　①舌の高さ（口がどのくらい開いているか）
　　②舌の位置（舌のどの部分が一番高くなっているか）
　　③唇の形（唇が丸まっているかどうか）

〈図：英語の母音〉

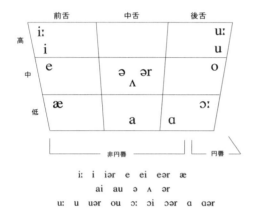

（『Sounds Make Perfect』（英宝社）に準ずる）

　子音の音色は次の3つの要素で決定づけられる．
　　①声帯の振動の有無（有声と無声）
　　②空気の流れに対して妨害や制限が加えられる位置（調音点）
　　③空気の流れに対して加えられる妨害や制限の種類（調音法）

〈表：英語の子音〉

		調音点							
		両唇音	唇歯音	歯音	歯茎音	後部歯茎音	硬口蓋音	軟口蓋音	声門音
		無声／有声	無声／有声	無声／有声	無声／有声	無声／有声	無声／有声	無声／有声	無声／有声
調音法	閉鎖音	p　b			t　d			k　g	
	摩擦音		f　v	θ　ð	s　z	ʃ　ʒ			h
	破擦音					tʃ　dʒ			
	鼻音	m			n			ŋ	
	側音[1]				l				
	半母音[2]	w				r	j		

1: 側音接近音

2: 接近音

（『Sounds Make Perfect』（英宝社）に準ずる）

【　文強勢と強勢記号　】

　本書ではすでに Lesson 1 の Part 3 より英文の IPA に文強勢およびポーズ記号が表記されており、学習前に各記号の種別と基本的なルールを確認すると導入がスムーズであろう。文強勢は、最も強い**第 1 強勢**（´）,その次に強い**第 2 強勢**（＾）, そしてあまり強くない**第 3 強勢**（｀）の 3 種類を用いている。強勢は基本的に文を構成する**内容語**におかれ、この強勢が英語独特の**強勢拍リズム**をつくりだす。内容語には通常第 2 強勢がつき、意味のまとまりを示すポーズごとに、最も重要な語が（特に固有名詞や数詞などは優先的に）第 1 強勢を受ける。または第 1 強勢、第 3 強勢は限られた場合にだけ現れる。

　　　I'm lêaving for Páris / at thrée.

　　　　　〔固有名詞 Paris、数字の three が優先的に第1強勢〕

　　　Whât are you tálking abòut?　　　　　Whât is she lôoking fòr?

　　　　　〔最後の内容語 talking、looking に第 1 強勢、文末の前置詞 about、for に第 3 強勢〕

　　　We hâve a bîg gréenhòuse / near the óffice.

　　　　　〔前半：最後の内容語 greenhouse に第 1 強勢（合成名詞の第 3 強勢）、後半：最後の内容語 office に第 1 強勢〕

　また、語の中には使われ方により、**強勢の有無や強勢のつけ方の紛らわしい語**がある。代表的な例をいくつか挙げる。

《**通常強勢を受けない語**》

　　this/that や these/those（後ろに名詞が続く指示形容詞の場合）、like（前置詞）、動詞の目的語としての oneself、動詞の目的語としての so、there 構文（「〜がある」の意味をあらわす）の there など

　　　I wânt to gêt myself sómethìng / like these shóes.　　　I thóught so.

《**強勢を受ける機能語**》

　　one of〜 の形で用いられる代名詞としての one、強調やアピールとして使われる場合の any など

　　　You can bûy *ány* côat / you wánt.　　　I chôse ône of these pláns.

《**強勢を受ける内容語だが、通常文末におかれ情報量の少ない第 2 強勢を受ける語**》

　　today、yesterday、here、there、again、now、then、this week など

　　　Whât are you dóing hêre?　　　I hâppened to sée him yêsterday.

Let's be friends with IPA!
Vowels

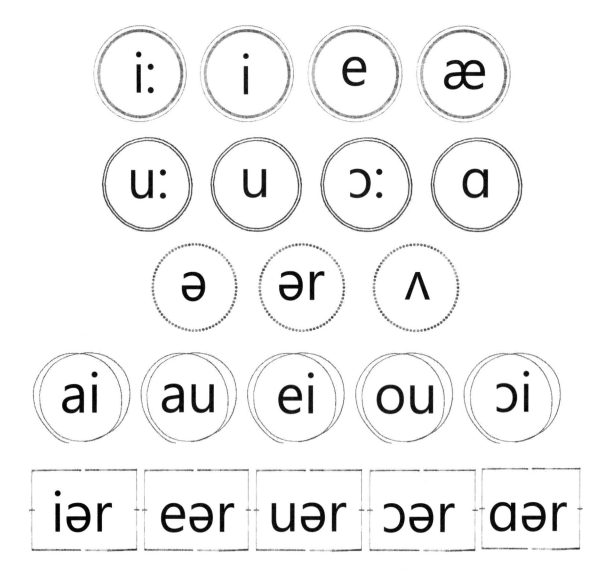

Let's be friends with IPA!
Consonants

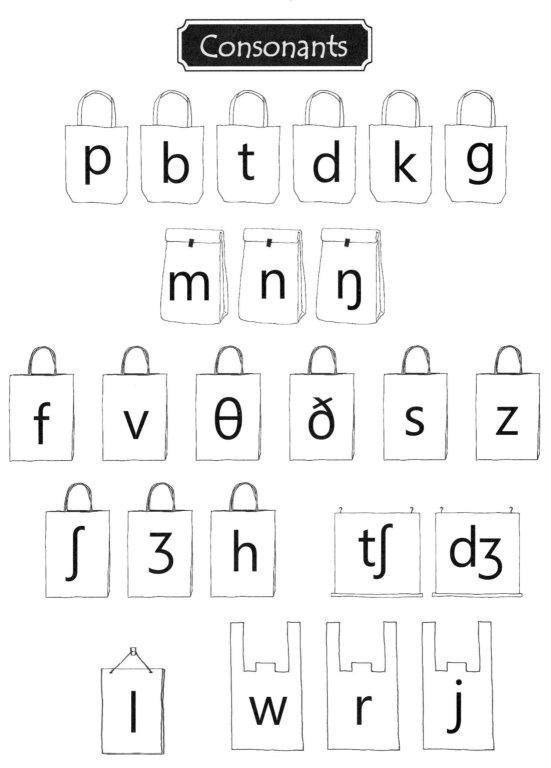

Fun IPA

ID:_____

Name:_____

Lesson 1：前舌母音（front vowels）

短母音の/ i / (小文字のI) には/ ɪ / (スモールキャピタルのI) が用いられることもある。/ i /に強勢記号(´ ˆ `)がつく場合は / í / や / î / のように書く。/ ɪ /は大文字の形だが発音記号で用いる際は小さく書く。/ ɛ / (エプシロン) は数字の３を逆に書いたものに近い。/ æ / (アッシュ) は a と e を合わせた形でよい。

/ iː /　　i:_____

/ i /　　i_____ / ɪ /

/ e /　　e_____ ɛ　/ ɛ /

/ æ /　　æ_____

Part 1：単語を IPA で書き、強勢記号をつけなさい。

□□□ 1. eat [　　　　]	□□□ 2. meet [　　　　]	□□□ 3. speak [　　　　]
□□□ 4. pick [　　　　]	□□□ 5. big [　　　　]	□□□ 6. miss [　　　　]
□□□ 7. end [　　　　]	□□□ 8. press [　　　　]	□□□ 9. spend [　　　　]
□□□ 10. ask [　　　　]	□□□ 11. aunt [　　　　]	□□□ 12. cat [　　　　]
□□□ 13. feed [　　　　]	□□□ 14. it [　　　　]	□□□ 15. head [　　　　]
□□□ 16. class [　　　　]	□□□ 17. read [　　　　]	□□□ 18. lift [　　　　]

Fun IPA

ID:

Name:

Part 2 : IPA を読み、スペリングを書きなさい。

□□□ 1. [píːpəl] ....

□□□ 2. [bilíːv] ....

□□□ 3. [síŋ] ....

□□□ 4. [mínət] ....

□□□ 5. [əhéd] ....

□□□ 6. [sétəl] ....

□□□ 7. [ǽpəl] ....

□□□ 8. [hǽndəl] ....

□□□ 9. [risíːv] ....

□□□ 10. [wíliŋ] ....

□□□ 11. [priténd] ....

□□□ 12. [trǽfik] ....

Part 3 : IPA を読み、スペリングを書きなさい。

□□□ 1. [síːiŋ iz bilíːviŋ] (a proverb)

....

□□□ 2. [ai skríːm / ju skríːm / wi ɔ́ːl skríːm / fər áis krìːm] (a popular American song)

....

□□□ 3. [ʃil têik ə tʃîːp ʃîp tríp / tə ði íːst kóust]

....

□□□ 4. [ðei séd / it wəz sǽd]

....

□□□ 5. [hâu mêni kǽnz / kən ə kǽnər kǽn / if ə kǽnər kən kǽn kǽnz] (a tongue twister)

....

Fun IPA

ID:＿＿＿＿＿＿＿＿＿＿＿＿＿＿＿＿＿＿＿＿＿

Name:＿＿＿＿＿＿＿＿＿＿＿＿＿＿＿＿＿＿＿＿

Lesson 2：後舌母音（back vowels）

短母音の/ u /（小文字の U）には/ ʊ /（スモールキャピタルの U）が用いられることもある。/ ʊ /は大文字を小さく書いたものでよい。書き始めと書き終わり部分に短い横線を書き添える記号もある（ ʊ：ユプシロン）。/ ɔ /（開いた O）は c を逆さまに書いた形である。/ ɑ /（筆記体の A）と/ a /（小文字の A）は全く異なった音である。そのため、ɑ の右側の線に「ひさし」部分のある a のように書かないように注意する。

/ uː /　ʊː＿＿＿＿＿＿＿＿＿＿＿＿＿＿＿＿＿＿＿＿＿

/ u /　ʊ＿＿＿＿＿＿＿＿＿＿＿＿＿＿＿ʊ　/ U //ʊ /

/ ɔː /　ɔː＿＿＿＿＿＿＿＿＿＿＿＿＿＿＿＿＿＿＿＿

/ ɑ /　ɑ＿＿＿＿＿＿＿＿＿＿＿＿＿＿＿＿＿＿＿＿＿

Part 1：単語を IPA で書き、強勢記号をつけなさい。

□□□ 1. move [　　　]	□□□ 2. cool [　　　]	□□□ 3. soup [　　　]
□□□ 4. full [　　　]	□□□ 5. hook [　　　]	□□□ 6. wood [　　　]
□□□ 7. wrong [　　　]	□□□ 8. tall [　　　]	□□□ 9. raw [　　　]
□□□ 10. what [　　　]	□□□ 11. hop [　　　]	□□□ 12. top [　　　]
□□□ 13. pool [　　　]	□□□ 14. wolf [　　　]	□□□ 15. talk [　　　]
□□□ 16. sock [　　　]	□□□ 17. stool [　　　]	□□□ 18. would [　　　]

Fun IPA

ID: ....

Name: ....

Part 2：IPA を読み、スペリングを書きなさい。

□□□ 1. [inklúːd]	□□□ 2. [blúː] ....
□□□ 3. [búʃ]	□□□ 4. [wúl] ....
□□□ 5. [hɔ́ərər]	□□□ 6. [klɔ́ːθ] ....
□□□ 7. [háspitəl]	□□□ 8. [dipázət] ....
□□□ 9. [stjúːdənt]	□□□ 10. [búkiŋ] ....
□□□ 11. [ád]	□□□ 12. [júːsidʒ] ....

Part 3：IPA を読み、スペリングを書きなさい。

□□□ 1. [pûʃ ən púl]

....

□□□ 2. [ju ɔ̂ːt tu jûːz gûd búks]

....

□□□ 3. [mai fâːðərz ʃáp / stâks lɔ̂ːŋ spâtəd búːts]

....

□□□ 4. [wi tɔ̂ːkt əbaut ðə báks / fîld wið âd sáks]

....

□□□ 5. [hâu mʌ̂tʃ wúd / wəd ə wûdtʃʌk tʃʌ́k / if ə wûdtʃʌk kəd tʃʌ́k wúd] (a tongue twister)

....

Fun IPA

ID:

Name:

Lesson 3：中舌母音（central vowels）

あいまい母音の /ə/（シュワ）は e を逆さまにしたものである。まず ɔ を書き、最後に短い直線 ɘ で終えると書きやすい。/ʌ/（逆さの V）はその名の通り V を逆さまにした形である。強勢のつく/ər/は通称「そり舌シュワ」と呼ばれる。/ə/だけでは弱い音（強勢はつかない）だが、ə に r がつき /ər/ となると、強勢を伴い強い音になるので注意する（例：purse [pɚs]）。そり舌シュワは / əːr / や /əːr / のように「強く長く」を示す：（長さ記号）で表されたり、：（コロン）で代用されることもある。また ə に r が合体した /ɚ/（右かぎつきのシュワ）や ɹ のように示されることもある。これは /ə/ の後に /r/ が発音されるのではなく、/ər/ がひとつの音色であることを一つの記号で表している。また、強勢がつかない場合も同じ記号を用いる（例：paper [péipər]）。

/ ə /　　ə

/ ʌ /　　ʌ

/ ər /　ər əːr / əːr /

Part 1：単語を IPA で書き、強勢記号をつけなさい。

□□□ 1. at [ ]	□□□ 2. an [ ]	□□□ 3. any [ ]
□□□ 4. blood [ ]	□□□ 5. cut [ ]	□□□ 6. hut [ ]
□□□ 7. work [ ]	□□□ 8. skirt [ ]	□□□ 9. purse [ ]
□□□ 10. and [ ] （弱形）	□□□ 11. up [ ]	□□□ 12. sir [ ]
□□□ 13. unkind [ ]	□□□ 14. puff [ ]	□□□ 15. hurt [ ]

14

Fun IPA

ID:

Name:

Part 2：IPA を読み、スペリングを書きなさい。

□□□ 1. [əsáid]	□□□ 2. [məʃíːn]
□□□ 3. [wʌ́ndər]	□□□ 4. [tʌ́ŋ]
□□□ 5. [pə́rpəs]	□□□ 6. [sə́rfəs]
□□□ 7. [brʌ́ðər]	□□□ 8. [dizə́rt]
□□□ 9. [əpɔ́int]	□□□ 10. [əkə́r]
□□□ 11. [əbrɔ́ːd]	□□□ 12. [əkʌ́mpəni]

Part 3：IPA を読み、スペリングを書きなさい。

□□□ 1. [ai fâund ə bʌ́g / in ðə bǽg]

□□□ 2. [fə̂rst kʌ̂m / fə̂rst sə́rvd] (a proverb)

□□□ 3. [ai wəz əfréid / tə rʌ̂b ðə də́rt / ɔ̀ːf ðə ʃə́rt]

□□□ 4. [sə́r / ai hə̂rd ər séi / its rʌ̂niŋ ərâund ði ə́rθ]

□□□ 5. [kʌ̂t ʌ̂p səm təméitouz / ən mîks ðəm ʌ́p / wið səm sɔ̂ːlt ən pépər]

Fun IPA

ID:_____

Name:_____

Lesson 4：二重母音（diphthongs）

二重母音 / ai / や / au / の / a /（小文字のA）は、形が似ていることからしばしば / ɑ /
（筆記体のA）と間違いやすいので注意が必要である。英語では/ a /は単独では発音されず、二
重母音/ ai / や / au /として出てくる。

/ ei /　　ei --- ei　　/ eɪ /

/ ai /　　ai --- ai　　/ aɪ /

/ au /　　au --- au　　/ aʊ /

/ ou /　　ou --- ou　　/ oʊ /

/ ɔi /　　ɔi --- ɔi　　/ ɔi /

Part 1：単語を IPA で書き、強勢記号をつけなさい。

□□□ 1. gate [ ]	□□□ 2. name [ ]	□□□ 3. same [ ]
□□□ 4. time [ ]	□□□ 5. fight [ ]	□□□ 6. nice [ ]
□□□ 7. cow [ ]	□□□ 8. how [ ]	□□□ 9. mouth [ ]
□□□ 10. boat [ ]	□□□ 11. coat [ ]	□□□ 12. home [ ]
□□□ 13. choice [ ]	□□□ 14. boy [ ]	□□□ 15. toy [ ]

Fun IPA

ID: _____

Name: _____

Part 2 : IPA を読み、スペリングを書きなさい。

□□□ 1. [géim]	□□□ 2. [stéit] ....
□□□ 3. [hái]	□□□ 4. [smáil] ....
□□□ 5. [háus]	□□□ 6. [táun] ....
□□□ 7. [nóutis]	□□□ 8. [glóubəl] ....
□□□ 9. [ənɔ́i]	□□□ 10. [vɔ́is] ....
□□□ 11. [kréizi]	□□□ 12. [ʃǽdou] ....

Part 3 : IPA を読み、スペリングを書きなさい。

□□□ 1. [ðə rêin in spéin / stêiz mêinli in ðə pléin] (from *My Fair Lady*, 1964, a film)

....

□□□ 2. [lʌ́v dáiz / ôunli wən grôuθ stáps] (Pearl S. Buck, a novelist)

....

□□□ 3. [if ju kǽnt bíːt ðəm / dʒɔ́in ðəm] (a proverb)

....

□□□ 4. [wêlkəm tu ðə wéb sàit / fə ðə táun əv páund] (in Wisconsin)

Wisconsin
The Badger State

....

□□□ 5. [náin náis náit nɚ́səz / nɚ̂siŋ náisli] (a tongue twister)

....

Fun IPA

ID: _____

Name: _____

Lesson 5： / ɚ / を含む二重母音（diphthongs）

> / ɚ /を含む二重母音では、/ ər / の部分が / ɚ /（右かぎつきのシュワー）で表記されている場合と / ːr / で表記されている場合がある。また、/ e /（小文字のE）が / ɛ /（エプシロン）で、/ u /（小文字のU）が / ʊ /（ユプシロン）で表記されている場合もあるので注意が必要である。

/ iər / ‎iər _____ iɚ / iɚ /

/ eər / eər _____ eɚ / eɚ / / ɛr /

/ uər / uər _____ uɚ / uɚ / / ʊr /

/ ɔər / ɔər _____ ɔɚ / ɔɚ / / ɔːr /

/ ɑər / ɑər _____ ɑɚ / ɑɚ / / ɑːr /

Part 1：単語を IPA で書き、強勢記号をつけなさい。

□□□ 1. ear [　　　　]	□□□ 2. tear [　　　　]	□□□ 3. here [　　　　]
□□□ 4. pair [　　　　]	□□□ 5. hair [　　　　]	□□□ 6. share [　　　　]
□□□ 7. sure [　　　　]	□□□ 8. tour [　　　　]	□□□ 9. cure [　　　　]
□□□ 10. four [　　　　]	□□□ 11. store [　　　　]	□□□ 12. more [　　　　]
□□□ 13. art [　　　　]	□□□ 14. heart [　　　　]	□□□ 15. farm [　　　　]

18

Fun IPA

ID:＿＿＿＿＿＿＿＿＿＿＿＿＿

Name:＿＿＿＿＿＿＿＿＿＿＿＿＿

Part 2：IPA を読み、スペリングを書きなさい。

□□□ 1. [níər] ＿＿＿＿＿	□□□ 2. [fíər] ＿＿＿＿＿
□□□ 3. [féər] ＿＿＿＿＿	□□□ 4. [ðéər] ＿＿＿＿＿
□□□ 5. [pjúər] ＿＿＿＿＿	□□□ 6. [júər] ＿＿＿＿＿
□□□ 7. [skɔ́ər] ＿＿＿＿＿	□□□ 8. [ristɔ́ər] ＿＿＿＿＿
□□□ 9. [háərd] ＿＿＿＿＿	□□□ 10. [stáərt] ＿＿＿＿＿
□□□ 11. [stéər] ＿＿＿＿＿	□□□ 12. [páərdən] ＿＿＿＿＿

Part 3：IPA を読み、スペリングを書きなさい。

□□□ 1. [ðə mɔ́ər / ðə mériər] (a proverb)

＿＿＿＿＿＿＿＿＿＿＿＿＿＿＿＿＿＿＿＿＿＿＿＿＿＿＿＿＿＿＿

□□□ 2. [ər ju ʃúər / ʃi wil ʃêər ðis tʃéər]

＿＿＿＿＿＿＿＿＿＿＿＿＿＿＿＿＿＿＿＿＿＿＿＿＿＿＿＿＿＿＿

□□□ 3. [nîər ən íər / ə nîərər íər / ə nîərli íəri íər] (a tongue twister)

＿＿＿＿＿＿＿＿＿＿＿＿＿＿＿＿＿＿＿＿＿＿＿＿＿＿＿＿＿＿＿

□□□ 4. [hí: / hu həz nêvər hóupt / kən nêvər dispéər] (George Bernard Shaw)

＿＿＿＿＿＿＿＿＿＿＿＿＿＿＿＿＿＿＿＿＿＿＿＿＿＿＿＿＿＿＿

□□□ 5. [ai wil prəpéər / ən sʌ́m dèi / mai tʃǽns wil kʌ́m] (Abraham Lincoln)

＿＿＿＿＿＿＿＿＿＿＿＿＿＿＿＿＿＿＿＿＿＿＿＿＿＿＿＿＿＿＿

Fun IPA

ID:_____

Name:_____

Lesson 6：閉鎖音（stops）

閉鎖音 / g /（小文字のG）は、筆記体の小文字の *g* のような形にならないように注意が必要である。

/ p /　p_____　/ b /　b_____

/ t /　t_____　/ d /　d_____

/ k /　k_____　/ g /　g_____

Part 1：単語を IPA で書き、強勢記号をつけなさい。

□□□ 1. pop [　　　　]	□□□ 2. pond [　　　　]	□□□ 3. paper [　　　　]
□□□ 4. bus [　　　　]	□□□ 5. bring [　　　　]	□□□ 6. blue [　　　　]
□□□ 7. take [　　　　]	□□□ 8. team [　　　　]	□□□ 9. train [　　　　]
□□□ 10. dog [　　　　]	□□□ 11. day [　　　　]	□□□ 12. desk [　　　　]
□□□ 13. cook [　　　　]	□□□ 14. kid [　　　　]	□□□ 15. kind [　　　　]
□□□ 16. good [　　　　]	□□□ 17. grow [　　　　]	□□□ 18. green [　　　　]

20

Fun IPA

ID:

Name:

Part 2 : IPA を読み、スペリングを書きなさい。

□□□ 1. [pléin]	□□□ 2. [píktʃər]
□□□ 4. [əbáv]	□□□ 5. [bárou]
□□□ 7. [tə́rm]	□□□ 8. [téibəl]
□□□ 10. [díːteil]	□□□ 11. [divéləp]
□□□ 13. [skúːl]	□□□ 14. [ǽksədənt]
□□□ 16. [gáid]	□□□ 17. [glɔ́ːri]

Part 3 : IPA を読み、スペリングを書きなさい。

□□□ 1. [píːs bigínz wið ə smáil] (Mother Teresa)

□□□ 2. [ə bíg blǽk bʌ́g / bít ə bíg blǽk béər] (a tongue twister)

□□□ 3. [tâim fláiz / laik ən ǽrou] (a proverb)

□□□ 4. [dâərknəs kənât drâiv âut dáərknəs / ôunli láit kən dûː ðǽt] (Martin Luther King, Jr.)

□□□ 5. [dôunt pût ðə káərt / bifɔər ðə hɔ́ərs] (a proverb)

Fun IPA

ID:..

Name:..

Lesson 7：鼻音（nasals）

鼻音/ m /（小文字のM）、/ n /（小文字のN）は、書き始めと終わりのラインに筆記体のようなカーブをつけて *m* や *n* のようにならないように注意する。/ ŋ /（エング）はローマ字の n に g の下部をつける。

/ m / ‿‿‿‿‿ m ‿‿‿‿‿‿‿‿‿‿‿‿‿‿‿‿‿‿‿

/ n / ‿‿‿‿‿ n ‿‿‿‿‿‿‿‿‿‿‿‿‿‿‿‿‿‿‿

/ ŋ / ‿‿‿‿‿ ŋ ‿‿‿‿‿‿‿‿‿‿‿‿‿‿‿‿‿‿‿

Part 1：単語を IPA で書き、強勢記号をつけなさい。

□□□ 1. mad [　　　]	□□□ 2. main [　　　]	□□□ 3. mine [　　　]
□□□ 4. name [　　　]	□□□ 5. near [　　　]	□□□ 6. need [　　　]
□□□ 7. song [　　　]	□□□ 8. ring [　　　]	□□□ 9. long [　　　]
□□□ 10. bang [　　　]	□□□ 11. mean [　　　]	□□□ 12. next [　　　]
□□□ 13. king [　　　]	□□□ 14. most [　　　]	□□□ 15. night [　　　]
□□□ 16. hang [　　　]	□□□ 17. mark [　　　]	□□□18. nor [　　　]

Fun IPA

ID: _____

Name: _____

Part 2 : IPA を読み、スペリングを書きなさい。

□□□ 1. [mánstər] _____

□□□ 2. [máinər] _____

□□□ 3. [místəri] _____

□□□ 4. [mə́rdər] _____

□□□ 5. [néitiv] _____

□□□ 6. [négətiv] _____

□□□ 7. [náitmèər] _____

□□□ 8. [nóuwèər] _____

□□□ 9. [plǽniŋ] _____

□□□ 10. [séiviŋ] _____

□□□ 11. [púdiŋ] _____

□□□ 12. [bilɔ́ːŋiŋ] _____

Part 3 : IPA を読み、スペリングを書きなさい。

□□□ 1. [sîŋiŋ sǽmi / sæ̂ŋ sɔ̂ŋz ɑn síŋkiŋ sǽnd] (a tongue twister)

_____

□□□ 2. [mɑ̂mi mêid mi îːt mai ém ən émz] (a tongue twister)

_____

□□□ 3. [nóu mǽn / iz ən áilənd] (a proverb)

_____

□□□ 4. [jul nêvər fâind ə réinbòu / if juər lûkiŋ dáun] (Charlie Chaplin)

_____

□□□ 5. [hi iz ðə môust ʌnsélfiʃ mǽn / aiv êvər nóun]

_____

Fun IPA

ID:_____

Name:_____

Lesson 8：摩擦音(1)（fricatives）

摩擦音 / θ /（シータ）と / ð /（エズ）は舌先を歯間においた形を表わす。シータ（Theta）は
語頭に / θ / の音があり、エズ（Eth）は語末に / ð / の音がある。

/ f /　f _____　　/ v /　v _____

/ θ /　θ _____　　/ ð /　ð _____

/ s /　s _____　　/ z /　z _____

Part 1：単語を IPA で書き、強勢記号をつけなさい。

□□□ 1. face [　　　]	□□□ 2. fact [　　　]	□□□ 3. far [　　　]
□□□ 4. vote [　　　]	□□□ 5. van [　　　]	□□□ 6. voice [　　　]
□□□ 7. thing [　　　]	□□□ 8. growth [　　　]	□□□ 9. throw [　　　]
□□□ 10. thus [　　　]	□□□ 11. than [　　　]	□□□ 12. that [　　　]
□□□ 13. sound [　　　]	□□□ 14. us [　　　]	□□□ 15. place [　　　]
□□□ 16. cause [　　　]	□□□ 17. rise [　　　]	□□□ 18. those [　　　]

Fun IPA

ID:_____

Name:_____

Part 2 : IPA を読み、スペリングを書きなさい。

□□□ 1. [fáərmər] _____

□□□ 2. [fóukəs] _____

□□□ 3. [féivər] _____

□□□ 4. [véəri] _____

□□□ 5. [θíətər] _____

□□□ 6. [θíːəri] _____

□□□ 7. [níːðər] _____

□□□ 8. [gǽðər] _____

□□□ 9. [ikspénsiv] _____

□□□ 10. [stéitmənt] _____

□□□ 11. [dizáiər] _____

□□□ 12. [əbzə́rv] _____

Part 3 : IPA を読み、スペリングを書きなさい。

□□□ 1. [ilízəbəθs bə̂rθdèi / iz ɑn ðə θə́rd θə́rzdei / əv ðis mʌ́nθ] (a tongue twister)

_____

□□□ 2. [it ɔ́ːɫweiz sîːmz impásəbəl / ʌntil its dʌ́n] (Nelson Mandela)

_____

□□□ 3. [hi θrûː θríː fríː θróuz] (a tongue twister)

_____

□□□ 4. [gǽðər jər θîŋz frəm ðə flɔ́ər] (a tongue twister)

_____

Fun IPA

ID: _____

Name: _____

Lesson 9：摩擦音（2）（fricatives）と破擦音（affricates）

摩擦音 / ʃ /（エッシュ）は s を変形したものと言われ、ロングエスと呼ばれることもある。
/ ʒ /（エッジュ）は z を変形したものである。破擦音 / tʃ /（T とエッシュの合字）および / dʒ /
（D とエッジュの合字）は二つの音素の組み合わせから成るため、上下のバランスに配慮して書く。

/ ʃ /　　ʃ _____　　/ ʒ /　　ʒ _____

/ h /　　h _____

/ tʃ /　　tʃ _____

/ dʒ /　　dʒ _____

Part 1：単語を IPA で書き、強勢記号をつけなさい。

□□□ 1. shoe [ ]	□□□ 2. short [ ]	□□□ 3. push [ ]
□□□ 4. rouge [ ]	□□□ 5. beige [ ]	□□□ 6. genre [ ]
□□□ 7. hole [ ]	□□□ 8. huge [ ]	□□□ 9. horse [ ]
□□□ 10. cheese[ ]	□□□ 11. check [ ]	□□□ 12. speech [ ]
□□□ 13. stage [ ]	□□□ 14. page [ ]	□□□ 15. join [ ]
□□□ 16. touch [ ]	□□□ 17. wish [ ]	□□□ 18. job [ ]

Fun IPA

ID: ....

Name: ....

Part 2 : IPA を読み、スペリングを書きなさい。

□□□ 1. [fənǽnʃəl] ....

□□□ 2. [distrʌ́kʃən] ....

□□□ 3. [və́rʒən] ....

□□□ 4. [méʒər] ....

□□□ 5. [híːt] ....

□□□ 6. [hʌ́ŋgri] ....

□□□ 7. [ǽgrikʌ̀ltʃər] ....

□□□ 8. [mə́rtʃənt] ....

□□□ 9. [ədvǽntidʒ] ....

□□□ 10. [pǽsəndʒər] ....

□□□ 11. [tʃáildhùd] ....

□□□ 12. [índʒəri] ....

Part 3 : IPA を読み、スペリングを書きなさい。

□□□ 1. [ʃiz ʃôuiŋ hər ʃúːz / in ə ʃúː ʃâin ʃâp]

....

□□□ 2. [kîːp jər fêis tu ðə sʌ́nʃâin / ənd ju kənât sîː ðə ʃǽdou] (Helen Keller)

....

□□□ 3. [máərtʃ wîndz / ən éiprəl ʃâuərz / brîŋ fồərθ méi flâuərz] (a proverb)

....

□□□ 4. [frêʃli frâid frêʃ fíʃ] (a tongue twister)

....

Fun IPA

ID: _____

Name: _____

Lesson 10：側音（lateral）と接近音・半母音（semi-vowels）

> 側音 / l / （小文字の L）と 接近音（または半母音とも呼ばれる）の / w / （小文字の W）、/ r /
> （小文字の R）、/ j / （小文字の J）は、それぞれローマ字を由来としている。側音 / l / はリットル
> ℓ のように筆記体で書かないように注意が必要である。

/ l /　　l _____

/ w /　　w _____

/ r /　　r _____

/ j /　　j _____

Part 1：単語を IPA で書き、強勢記号をつけなさい。

□□□ 1. lack [　　　　]	□□□ 2. laugh [　　　　]	□□□ 3. rule [　　　　]
□□□ 4. wake [　　　　]	□□□ 5. wealth [　　　　]	□□□ 6. twice [　　　　]
□□□ 7. real [　　　　]	□□□ 8. spread [　　　　]	□□□ 9. treat [　　　　]
□□□ 10. use [　　　　]	□□□ 11. view [　　　　]	□□□ 12. yes [　　　　]
□□□ 13. work [　　　　]	□□□ 14. life [　　　　]	□□□ 15. young [　　　　]
□□□ 16. long [　　　　]	□□□ 17. write [　　　　]	□□□ 18. news [　　　　]

Fun IPA

ID:_____

Name:_____

Part 2 : IPA を読み、スペリングを書きなさい。

□□□ 1. [əráivəl]	□□□ 2. [víːəkəl] ....
□□□ 3. [wéðər]	□□□ 4. [wáidli] ....
□□□ 5. [rilídʒən]	□□□ 6. [ínstrəmənt] ....
□□□ 7. [kjúəriəs]	□□□ 8. [mjúːzikəl] ....
□□□ 9. [wízdəm]	□□□ 10. [rilǽks] ....
□□□ 11. [wɚ́ldwàid]	□□□ 12. [ʌnjúːʒuəl] ....

Part 3 : IPA を読み、スペリングを書きなさい。

□□□ 1. [réd lɔ́əri / jélou lɔ́əri / réd lɔ́əri / jélou lɔ́əri] (a tongue twister)

....

□□□ 2. [ðə wîtʃ wîʃt ə wîkəd wíʃ] (a tongue twister)

....

□□□ 3. [lʌ̂v ðə láif / ju lív]   [lîv ðə láif / ju lʌ́v] (Bob Marley)

....

□□□ 4. [if ju kən drím it / ju kən dúː it] (Walt Disney)

....

Fun IPA

ID: _____

Name: _____

Lesson 11：音のつながり　－連結－（linking）

学習ポイント

音が連結する時の基本パターンは次の通りである。連結する音をスラーでつなげて表す。

① 子音 ＋ 母音	My na<u>me i</u>s Emi.	[mai nêim‿iz émi]
② 子音 ＋ 半母音 / j /	I li<u>ke y</u>ou.	[ai láik‿ju]
③ / ər / ＋ 母音	Th<u>ere are</u> many books.	[ðər‿ər mêni búks]

Part 1：下線部の IPA を書き、つながる音素と音素の間にスラーを書き入れなさい。

【例】 kin<u>d of</u>

[d‿ə]

□□□ 1. sto<u>p it</u>	□□□ 2. fin<u>d out</u>	□□□ 3. si<u>t on</u>
[ ]	[ ]	[ ]
□□□ 4. thin<u>k a</u>bout	□□□ 5. fi<u>ve or</u>anges	□□□ 6. wi<u>th it</u>
[ ]	[ ]	[ ]
□□□ 7. a pie<u>ce of</u>	□□□ 8. choo<u>se our</u>	□□□ 9. pu<u>sh a</u>nd pull
[ ]	[ ]	[ ]
□□□ 10. o<u>ne a</u>nother	□□□ 11. ti<u>me out</u>	□□□ 12. te<u>ll y</u>ou
[ ]	[ ]	[ ]
□□□ 13. than<u>k y</u>ou	□□□ 14. ha<u>ve y</u>ou	□□□ 15. o<u>n y</u>our
[ ]	[ ]	[ ]
□□□ 16. h<u>ere are</u>	□□□ 17. f<u>ar away</u>	□□□ 18. th<u>ere is</u>
[ ]	[ ]	[ ]

Fun IPA

ID:

Name:

Part 2 : IPA を読み、スペリングを書きなさい。(注) 音が連結している箇所の IPA はつながっている。

□□□ 1. [nâtətɔ́ːɫ]

□□□ 2. [têikjər táim]

□□□ 3. [in spáitəv]

□□□ 4. [nâisən kúːɫ]

□□□ 5. [ʃéimanju]

□□□ 6. [râidanə báik]

□□□ 7. [sâltən ʃúgər]

□□□ 8. [ĝivitɔ́ːl]

□□□ 9. [gâtə tʃǽns]

□□□ 10. [nînəvjər bíznəs]

Part 3 : IPA を読み、音が連結するところにはスラーを入れなさい。また、IPA をスペリングにしなさい。

□□□ 1. [pʃ̃ːz kʌm ân ín]

□□□ 2. [rìːsâikəl jər klóuz]

□□□ 3. [lêts têik ə lúk ət it]

□□□ 4. [in ðə mîdəl əv dífikəlti / lâiz àpərtjúːnəti] (Albert Einstein)

Fun IPA

ID: _____

Name: _____

Lesson 12：音のつながり　－脱落－（elision）

```
学習ポイント
音が脱落する時の基本パターンは次の通りである。脱落する音をカッコに入れて表す。

　　① 子音（閉鎖音）＋ 子音　　　She should talk to him.　[ ʃi ʃu(d) tɔ́ː(k) tu him ]

　　② 同じ子音が連続した時　　　I want to go fishing.　　[ ai wân(t) tu gôu fíʃiŋ ]

　　③ / s / ＋ / ʃ /　　　　　This shop is the best.　[ ði(s) ʃâp‿iz ðə bést ]
```

Part 1：下線部の IPA を書き、脱落する音素をカッコに入れて書き表しなさい。

【例】need to

　　[(d) t]

□□□ 1. top ten	□□□ 2. meet my sister	□□□ 3. cook dinner
[　　　　]	[　　　　]	[　　　　]
□□□ 4. grab the letter	□□□ 5. good luck	□□□ 6. a big bird
[　　　　]	[　　　　]	[　　　　]
□□□ 7. five violins	□□□ 8. this store	□□□ 9. the fifth theater
[　　　　]	[　　　　]	[　　　　]
□□□ 10. ten notebooks	□□□ 11. with this	□□□ 12. nice shoes
[　　　　]	[　　　　]	[　　　　]
□□□ 13. a cute dress	□□□ 14. the second chance	□□□ 15. in north
[　　　　]	[　　　　]	[　　　　]
□□□ 16. teach children	□□□ 17. find my son	□□□ 18. finish showing it
[　　　　]	[　　　　]	[　　　　]

32

Fun IPA

ID: _____

Name: _____

Part 2 : IPA を読み、スペリングを書きなさい。 ※音のつながりがある箇所の IPA に注意

□□□ 1. [ə pá(p)sîŋər] _____

□□□ 2. [sə(m)mɔ̂ər káfi] _____

□□□ 3. [ə(t)ðə(t)táim] _____

□□□ 4. [mîː(t)ðə tíːtʃər] _____

□□□ 5. [ði(s)ʃóu skêdʒuːl] _____

□□□ 6. [pî(k)ðə mémbərz] _____

□□□ 7. [té(n)náivz] _____

□□□ 8. [têi(k)ðə(t)rǽkət] _____

□□□ 9. [kwáiə(t)pîːpəl] _____

□□□ 10. [wiði(n)náináuərz] _____

Part 3 : IPA を読み、音が連結するところにはスラーを、脱落する音はカッコに入れなさい。また、IPA をスペリングにしなさい。

□□□ 1. [ðət swîːt lîtəl kǽt / iz mai néibərz]

_____

□□□ 2. [hi dîd ə vêri gûd dʒáb / ət ðə lǽst móument]

_____

□□□ 3. [ðər iz ɔ́ːlweiz láit bihaind ðə kláudz] (Louisa May Alcott: 米国の女性小説家)

_____

□□□ 4. [mai lâif dîdənt plíːz mi / sou ai kriêitəd mai láif] (Coco Chanel)

_____

Fun IPA

ID: _____

Name: _____

Lesson 13：音のつながり　ー同化ー（assimilation）

学習ポイント

2 つの音が同化して、別の 1 つの音になることがある。次の 4 つのパターンを覚えよう。

① /t/ + /j/ → /tʃ/　　　Won't you give me a hand?[wôuntʃu ɡîv mi ə hǽnd]

② /d/ + /j/ → /dʒ/　　　Did you go there?　　　[didʒu ɡóu ðêər]

③ /s/ + /j/ → /ʃ/　　　I miss you very much.　[ai mîʃu vêri mʌ́tʃ]

④ /z/ + /j/ → /ʒ/　　　She gives you this cup.　[ʃi ɡîvʒu ðis kʌ́p]

Part 1：下線部の IPA を書き、音が同化する場合は、例のように書き表しなさい。また、連結はスラー、脱落はカッコに入れて書き表しなさい。

【例】 I need your help.

　　　 [d̶j̶]

　　　　 dʒ

□□□ 1. He will please you. 　　　[　　　　]	□□□ 2. Could you introduce yourself? 　　[　　　] [　　　　]
□□□ 3. I want you to do this right away. 　　[　　] [　　] [　　　]	□□□ 4. My parents loved you. 　　　　[　　　]
□□□ 5. Why don't we meet your sister? 　　　[　　] [　　　]	□□□ 6. At last, he hit your ball. 　　[　　　] [　　　]
□□□ 7. Look at your desk. 　　　[　　　　]	□□□ 8. Would you like a drink? 　　[　　　] [　　　]
□□□ 9. Did you pick up the phone? 　　[　　] [　　　　]	□□□ 10. This year, she became a lawyer. 　　[　　　] [　　　　]

Fun IPA

ID:_____

Name:_____

Part 2：IPA を読み、スペリングを書きなさい。※音のつながりがある箇所の IPA に注意

□□□ 1. [ai tóuldʒu]	□□□ 2. [îːtɔ̂ːləvjər díʃəz] ....
□□□ 3. [ai nîːdʒərədváis]	□□□ 4. [ðə dɔ̂ərizɔ̂ːlweizóupən] ....
□□□ 5. [ail lêtʃu nôu ðə ríːzən]	□□□ 6. [tʃûːʒər tôpi(k)rôi(t)náu] ....
□□□ 7. [hi dʒôindauər fîːm lǽstʃiər]	□□□ 8. [pûtʃər âərmzəraun(d)mai nék] ....

Part 3：IPA を読み、同化の起きるところに下線を引き、発音記号を下に書きなさい。音が連結するところにはスラーを、脱落する音はカッコに入れなさい。また、IPA をスペリングにしなさい。

□□□ 1. [sins ju lêft híər   /   wi mîs ju sôu bǽdli]   ....
□□□ 2. [ðis iz wʌ̂n əv ðə klíːnəst hâuzəz   /   in táun]   ....
□□□ 3.   [têik wɑt ju kǽn] [gîv nʌ̂θiŋ bǽk] (from *Pirates of the Caribbean ~The Curse of the Black Pearl~*)   ....
□□□ 4. [kîːp jər frêndz klóus   /   bət jər ênəmiz klóusər] (from *The Godfather*)   ....

Fun IPA

ID:
Name:

Lesson 14：音節の分け方（syllabication）

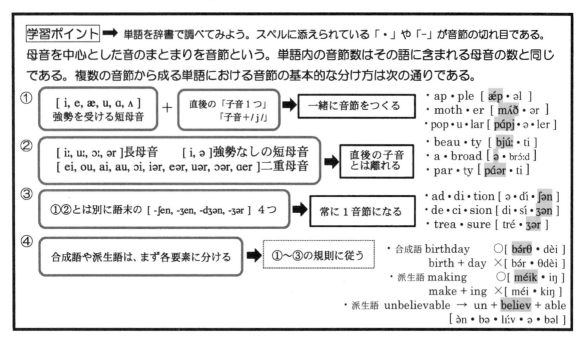

Part 1：1) 単語を IPA にしなさい。2) ①～③の音節分けを参考に、単語の音節の切れ目に ｜（縦線）を入れなさい。（※ 2 音節語の音節の切れ目は一カ所）

□□□ 1. sugar [ʃúg|ər]	□□□ 2. tablet [ ]	□□□ 3. puzzle [ ]
□□□ 4. ahead [ ]	□□□ 5. needle [ ]	□□□ 6. staple [ ]
□□□ 7. passion [ ]	□□□ 8. pleasure [ ]	□□□ 9. vision [ ]
□□□ 10. children [ ]	□□□ 11. culture [ ]	□□□ 12. suburb [ ]
□□□ 13. darling [ ]	□□□ 14. spider [ ]	□□□ 15. daughter [ ]
□□□ 16. pigeon [ ]	□□□ 17. measure [ ]	□□□ 18. session [ ]

Fun IPA

ID: _____

Name: _____

Part 2 : 1) IPA を読み、スペリングを書きなさい。**2)** ①〜③の音節分けを参考に、単語の音節の切れ目に ｜（縦線）を入れなさい。（※ 3 音節語の音節の切れ目は 2 カ所、4 音節語は 3 カ所）

□□□ 1. [díf｜i｜kəlt] *difficult*	□□□ 2. [éksərsàiz] _____
□□□ 3. [ditə́rmən] _____	□□□ 4. [saikɑ́lədʒi] _____
□□□ 5. [rilíːdʒən] _____	□□□ 6. [əmjúːzmənt] _____
□□□ 7. [ìnfərméiʃən] _____	□□□ 8. [jùːnəvə́rsəti] _____
□□□ 9. [fɔ́ərtʃənət] _____	□□□ 10. [rispɑ́nsəbíləti] _____
□□□ 11. [fəmíljər] _____	□□□ 12 [fòunətíʃən] _____

Part 3 : 1) IPA を読み、スペリングを書きなさい。意味も調べなさい（すべての単語が合成語または派生語である）。**2)** まず、各要素ごとに ｜ を入れなさい（④）。その後、①〜③に従って単語の音節の切れ目に ｜ を入れなさい。

□□□ 1. [òu｜ver｜slíːp] *oversleep* 寝過ごす	□□□ 2. [máikrouwèiv] _____
□□□ 3. [sái(t)sìːiŋ] _____	□□□ 4. [θǽŋksgíviŋ] _____
□□□ 5. [gríːnhàus] _____	□□□ 6. [blǽ(k)bɔ̀ərd] _____
□□□ 7. [hǽn(d)méid] _____	□□□ 8. [bæ̀riərfríː] _____
□□□ 9. [məʃíːnwɑ̀ʃəbəl] _____	□□□ 10. [ʌ̀ndərstǽndiŋ] _____
□□□ 11. [rimɑ́ərkəbli] _____	□□□ 12. [səkséʃən] _____

Fun IPA

ID: ....

Name: ....

Lesson 15：ピッチとイントネーション（pitch and intonation）

学習ポイント

音の高さをピッチという。英語の基本的なピッチは、高い方から3、2、1の3段階である。単語の中では、ピッチの高い部分と（最も）強い強勢を受ける音節が一致する。文においては最も重要とされる語の音節に第一強勢がおかれピッチが高くなる。ピッチが作り出す音の高低の流れは明確に表れ、これをイントネーションという。

	語におけるピッチ			文におけるピッチ			イントネーション	
3		nét	3		nét	3		nét
2	pho		2	I stûdy pho		2	I stûdy pho	ics, (and...)
1		ics	1		ics	1		

Part 1：単語に強勢記号を書き込みなさい。また、上の例のようにピッチの高さを考え、書き表しなさい。

□□□ 1. jack-et

3	jack
2	
1	et

□□□ 2. ten-nis

3	
2	
1	

□□□ 3. wa-ter

3	
2	
1	

□□□ 4. gar-den

3	
2	
1	

□□□ 5. lec-ture

3	
2	
1	

□□□ 6. hon-est

3	
2	
1	

□□□ 7. me-di-a

3	
2	
1	

□□□ 8. ver-sion

3	
2	
1	

□□□ 9. math-e-mat-ics

3	
2	
1	

□□□ 10. sug-ges-tion

3	
2	
1	

□□□ 11. ex-am-ple

3	
2	
1	

□□□ 12. mos-qui-to

3	
2	
1	

□□□ 13. fi-nal-ly

3	
2	
1	

□□□ 14. sur-pris-ing

3	
2	
1	

□□□ 15. re-li-able

3	
2	
1	

□□□ 16. en-vi-ron-ment

3	
2	
1	

□□□ 17. o-ver-book

3	
2	
1	

□□□ 18. yel-low-card

3	
2	
1	

□□□ 19. thanks-giv-ing

3	
2	
1	

□□□ 20. pre-oc-cu-pied

3	
2	
1	

□□□ 21. af-ter-noon

3	
2	
1	

□□□ 22. bas-ket-ball

3	
2	
1	

□□□ 23. but-ter-fly

3	
2	
1	

□□□ 24. in-ter-me-di-ate

3	
2	
1	

38

Fun IPA

ID: _____

Name: _____

Part 2：まず最も強い強勢のある音節（★）の上に ——（横線）を引き｜につなげなさい。に強勢のない音節（●）の下に —— を引き｜につなげなさい。

□□□ 1. [kʌ́l | tʃər] *culture*	□□□ 2. [kítʃ | ən] ....
□□□ 3. [di | tə́r | mən] *determine*	□□□ 4. [sai | kʌ́l | ədʒi] ....
□□□ 5. [tré | ʒər]	□□□ 6. [ri | líː | dʒən] ....
□□□ 7. [ə | mjúːz | mənt]	□□□ 8. [kə | nékt | iŋ] ....
□□□ 9. [tʃǽl | əndʒ]	□□□ 10. [jùːnə | və́r | səti] ....
□□□ 11. [rèkəg | ní | ʃen]	□□□ 12. [wɔ́ː | tərprùːf] ....

Part 3：第一強勢のある音節がピッチ３と一致します。後ろに音節がなければラインは斜めに、音節があればラインは音節の切れ目で真っすぐ下がります。発音してみると実感できます。

□□□ 1. [θǽŋk] *thank* 音節１つだけ →ラインは斜めに下がる	□□□ [θǽŋkfəl] *thankful*	□□□ [θǽŋk ˌju] *thank you*
	単語・句・文で強勢のつく音節の後にさらに音節がある時 →ラインは音節の切れ目でまっすぐ下がる	
□□□ 2. [ríːd]	□□□ [ríːdiŋ]	□□ [aim ríːdiŋ it] ....
□□□ 3. [lúk]	□□□ [lúk‿ət‿it]	□□ [lûk‿ə(t)‿ðə táim] ....
□□□ 4. [put]	□□□ [ai pút‿it]	□□ [ai pûːt‿it‿əwéi] ....

39

Fun IPA

ID: ....

Name: ....

Lesson 16：ポーズ（pause）

学習ポイント

少し長い文では、途中に / のマークで区切りをつける。この区切りをポーズという。ポーズは「意味のまとまり」を示すもので、句の途中でポーズを入れることはできない。ポーズが入る基本的な４つのルールを覚えよう。

> ① コンマがあるところ　　②節の境界　　　③句の境界
> ④ 強調したい語、数詞、固有名詞が文中に２つ以上ある場合

なお、"Yes, it is." や "No, thanks." のようにコンマの後ろが短い場合や、today, yesterday, now, then, here, there といった時や場所を表す文修飾の副詞の前では、特に強調したい場合を除きポーズを入れる必要はない。

Part 1: 意味のまとまりを考え、ポーズを入れ、理由を上の①～④から選びなさい。ポーズが入らない文もある（ポーズなしの場合は×を入れなさい）。

□□□ 1. I'm Lisa from Sweden.〔　〕	□□□ 2. He said that it would be OK.〔　〕
□□□ 3. Yes, it was.〔　〕	□□□ 4. Is there anything I can do for you?〔　〕
□□□ 5. She's Ellen from England.〔　〕	□□□ 6. Ken is a student majoring in Art.〔　〕
□□□ 7. No, she isn't.〔　〕	□□□ 8. Oh, you used to live in Osaka?〔　〕
□□□ 9. Let me know if he comes.〔　〕	□□□ 10. I need to fill out an application.〔　〕
□□□ 11. He found it so complicated.〔　〕	□□□ 12. This is the house where I was born.〔　〕
□□□ 13. I put a big box under the tree.〔　〕	□□□ 14. We're glad to hear that he was fine.〔　〕
□□□ 15. I'll do it today.〔　〕	□□□ 16. Let's meet at the cafe after school.〔　〕

Fun IPA

ID: _____

Name: _____

Part 2：意味のまとまりを考え、ポーズを入れなさい。

☐☐☐ 1.　Do whatever you want and money follows.

☐☐☐ 2.　I would appreciate it if you could reply as soon as possible.

☐☐☐ 3.　The old woman wasn't satisfied to spend her days doing nothing.

☐☐☐ 4.　He didn't regret what he had said to his girlfriend because it was true.

☐☐☐ 5.　Well, I'm going to take mathematics, physics, and phonetics this semester.

☐☐☐ 6.　She is planning a party for those who have to stay on campus for the weekend.

☐☐☐ 7.　The purpose of this research is to find the differences between these two groups.

☐☐☐ 8.　What you're going to write on this theme should be clear, informative, and persuasive.

☐☐☐ 9.　I told the teacher that my son has was slightly injured and asked her to keep an eye on him.

Part 3: IPA を読み、スペリングを書きなさい。

[ə frênd‿iz sʌ́mwən / hu ʌndərstǽndʒər pǽst / bilî:vz‿in‿jər fjú:tʃər /

_____

ən‿əksêptʃu tədéi / dʒʌ̂s(t) ðə wêi ju ɑ́ər]

_____

41

Fun IPA

ID: ....

Name: ....

Lesson 17：内容語と機能語（content words and function words）

学習ポイント

1つの単語の中につく強勢を語強勢と呼び、1つの文の中に現れる強勢を文強勢と呼ぶ。基本的に文の中で強勢を受ける（強形）のが内容語、強勢を受けない（弱形）のが機能語である。なお、this/that (these/those), one, like, there, so, oneself, any などは文法上の役割により強勢の有無が紛らわしいので注意が必要である。※文強勢の基本ルールについては「文強勢と強勢記号」（p. 7）を参照のこと

内容語	機能語
名詞、一般動詞、形容詞、副詞（否定詞 not を含む）、疑問詞、数詞、序数詞、間投詞 (oh,感嘆文の how や what など)、指示代名詞（単独で現れる場合）、所有代名詞 (mine, yours など)、複合代名詞 (anything, something, everyone, oneself など) など	冠詞、不定形容詞 (some, any)、前置詞、接続詞、be 動詞、助動詞、関係詞（関係代名詞、関係副詞）、指示形容詞（直後に名詞が続く場合）、代名詞（指示代名詞、所有代名詞、複合代名詞以外）など

Part 1：下線部の語を判断（内容語・機能語）し、適切な IPA を〇で囲みなさい。品詞も確認しなさい。

□□□ 1. She <u>has</u> a lot of experience, but she <u>has</u> never been overseas.

① [hæ̂z / həz]　　　　　　② [hæ̂z / həz]

品詞：.............................　　　品詞：.............................

□□□ 2. He said <u>that</u> it would be OK. <u>That</u> sounds great!

① [ðæ̂t / ðət]　　② [ðæ̂t / ðət]

品詞：.............................　　　品詞：.............................

□□□ 3. May I try <u>one</u> of these jackets? Especially, I like the blue <u>one</u>.

① [wʌ̂n / wən]　　　　　　② [wʌ̂n / wən]

品詞：.............................　　　品詞：.............................

□□□ 4. My mother would <u>like</u> this bag. She used to have a bag <u>like</u> this.

① [lâik / laik]　　　　　② [lâik / laik]

品詞：.............................　　　品詞：.............................

□□□ 5. <u>There</u> are some candles in the box. Could you place them over <u>there</u>?

① [ðê̂ər / ðər]　　　　　② [ðéər / ðər]

品詞：.............................　　　品詞：.............................

42

Fun IPA

ID:

Name:

Part 2: 内容語を○で囲みなさい。また、英文に必要ならばポーズを入れ、強勢記号をつけなさい。

□□□ 1. I love that book.	□□□ 2. These are my sisters.
□□□ 3. Are there any flowers in the garden?	□□□ 4. He has been standing there.
□□□ 5. They would really like to do it again.	□□□ 6. I need to buy a pen like this.
□□□ 7. She does not want to eat now.	□□□ 8. He only did the right thing.
□□□ 9. How did you like it?	□□□ 10. What are you listening to?
□□□ 11. It's hard to decide which one is good.	□□□ 12. Judy has been one of my best friends.
□□□ 13. This is the house where I was born.	□□□ 14. When you see him, please let me know.
□□□ 15. I put it on the desk.	□□□ 16. Put it on.
□□□ 17. I'm so impressed with her attitude.	□□□ 18. I don't think so.
□□□ 19. I looked at myself in a mirror.	□□□ 20. She weighed herself on the scale.
□□□ 21. She has gone to Africa.	□□□ 22. If I had enough room, I'd have a big dog.
□□□ 23. You have to read it more carefully.	□□□ 24. Didn't you drop this?
□□□ 25. He's going to take this one.	□□□ 26. She's able to finish it for herself.
□□□ 27. Do you need any volunteers?	□□□ 28. *Any* question will be welcomed.

Part 3: IPA を読み、スペリングを書きなさい。

□□□ 1. [wudʒu lâi(k) tíː / ɔ̀ər káfi]

□□□ 2. [hi dʌ̂zn(t) luʔk fáin / dʌ́z hìː]

□□□ 3. [aim gôuiŋ to hélp‿ər / sou ðə(t) ʃiz êibəl tu fíniʃ it]

43

Fun IPA

ID: _____

Name: _____

Lesson 18：基本のイントネーション －下降・上昇－（Intonation Part 1）

学習ポイント

Lesson 15 で学習したように、音の高低（ピッチ）の流れをイントネーションといい、文において下降イントネーションと上昇イントネーションがある。それぞれをピッチ番号と矢印で示すと下降イントネーションは［2-3-1 ↓]、上昇イントネーションは［2-3-3 ↑]となる。また、意味グループでポーズを入れた場合には、ポーズの直前までは通常[2-3-2]（文頭の語の第1音節が第一強勢の場合は［3-3-2]）となる。文末のイントネーションラインの下降の仕方については Lesson 15 の Part 3 を参考にすること。

① 下降イントネーション[2-3-1 ↓]→平叙文、命令文、疑問詞疑問文

　　I know his name. [ai nôu hiz│nêim ↓]　　　　I don't like it. [ai dôun(t)│láik│it ↓]

　　Who was in the classroom? [hûː wəz│in ðə│klǽsrùːm ↓]

② 上昇イントネーション[2-3-3 ↑]→Yes-No 疑問文

　　Did you see him?　[didʒu│síː him ↑]

③ そのほか［2-3-2]→文中のポーズの前

　　I think I like you. [ai│θɪŋk /ai│láik│ju ↓]

　　Do you know when he left? [du ju│nôu / wên hi│léft ↑]

Part 1：英文を IPA に直しなさい。強勢記号とイントネーションライン（ピッチ番号、↑↓）も書き込みなさい。連結はスラー、脱落はカッコに入れて、同化は IPA で書き表しなさい。

□□□ 1. He came home. [　　　　　　　　　　]	□□□ 2. Let's walk. [　　　　　　　　　　]
□□□ 3. She loves oranges. [　　　　　　　　　　]	□□□ 4. We didn't talk about it. [　　　　　　　　　　]
□□□ 5. Plan for your trip. [　　　　　　　　　　]	□□□ 6. Please help us. [　　　　　　　　　　]
□□□ 7. Which cat do you like? [　　　　　　　　　　]	□□□ 8. Who told you so? [　　　　　　　　　　]
□□□ 9. Did you see the movie? [　　　　　　　　　　]	□□□ 10. Are you afraid of the dog? [　　　　　　　　　　]

Fun IPA

ID:

Name:

Part 2：IPA を読み、スペリングを書きなさい。IPA にイントネーションライン（ピッチ番号、↑↓）も書き込みなさい。 ※音のつながりがある箇所の IPA に注意

□□□ 1. [du ju θíŋk / ai ʃu(d)góu tu ðə mjuːzíːəm   ]

□□□ 2. [mai mʌðeræsk(t)mi   / tu fíː(d)ðə kǽt   ]

□□□ 3. [kudʒu lê(t)mi nóu   / ifitsòukéi wiðju   ]

□□□ 4. [têikiŋ kêərəvjurəpíərəns   / kən mêikju tʃîərfələn pázətiv   ]

□□□ 5. [hâu kən kəmjùːnikêiʃənz bi meintéind   / dəriŋ dizǽstər   ]

□□□ 6. [wâts ðə ríːzən   / ðətʃu tʃôuz ðis tâpi(k)fə jur spíːtʃ   ]

Part 3：会話文を IPA に直しなさい。必要ならばポーズを入れ、強勢記号とイントネーションライン（ピッチ番号、↑↓）も書き込みなさい。連結はスラー、脱落はカッコに入れて、同化は IPA で書き表しなさい。

□□□ A: Would you do me a favor?
[

□□□ B: What is it?
[

□□□ A: I wonder if you can proofread my paper.
[

□□□ B: Sure. I can do that.
[

Fun IPA

ID: _____

Name: _____

Lesson 19：イントネーション －列挙・選択疑問文・付加疑問文－（Intonation Part 2）

学習ポイント

列挙の文、選択疑問文、付加疑問文には、次の様なイントネーションや強勢の原則が見られる。

① 列挙　[2-3-3 ↑ / 2-3-3 ↑ / 2-3-1 ↓]「A, B, and C 」のように項目をリストアップする場合、強勢は列挙する各項目に第１強勢をつける。

We bought apples, potatoes, and milk. [wi bɔ́ːt ǽpəlz ↑ / pətéitouz ↑ / ən mílk ↓]

②選択疑問文　[2-3-3 ↑ / 2-3-1 ↓]　「A or B ?」のように二項目から相手に選択を求める場合、強勢は選択する各項目に第１強勢をつけ、ポーズの直後の or には第３強勢をつける。

Is this yours, or mine? [iz ðíʃúərz ↑ / ɔ̀ər máin ↓]

③付加疑問文　強勢はポーズ後の付加部分に、否定短縮形に第１強勢を、主語に第３強勢をつける。

[2-3-1 ↓ / 3-1 ↓]　（ 相手に強く同意を求める場合 ★ ）

He told you, didn't he? [hi tóuldʒu ↓ / dídənt hìː ↓]

[2-3-1 ↓ / 3-3 ↑]　（ 自分の気持ちが不確かな場合 ☆ ）

I locked the door, didn't I? [ai lɑ̂k(t) ðə dɔ́ər ↓ / dídənt ài ↑]

Part 1：英文を IPA に直しなさい。強勢記号とイントネーションライン（ピッチ番号、↑
↓）も書き込みなさい。連結はスラー、脱落はカッコに入れ、同化は IPA で書き表しなさ
い。

□□□ 1. We have beer, champagne, and soda.
[
□□□ 2. Tell me your name, address, and age.
[
□□□ 3. Is the shirt too big, or too small?
[
□□□ 4. It's sticky, isn't it? （学習ポイント★）
[
□□□ 5. They were angry, weren't they? （学習ポイント☆）
[

Fun IPA

ID: ....

Name: ....

Part 2 : IPA を読み、スペリングを書きなさい。IPA にイントネーションライン（ピッチ番号、↑↓）も書き込みなさい。 ※音のつながりがある箇所の IPA に注意

□□□ 1. [wəz mai tʃɔ̂is ráit / ɔ̀ər rɔ́:ŋ   ]

□□□ 2. [ai m̃î:(d)tu bâi ʃæmpú: / díʃ ditɕ̂rdʒənt / əndə tú:θbrʌʃ   ]

□□□ 3. [wudʒu lâi(k)tu bi ənɑ́ərtist / ɔ̀ərənəkáuntənt   ]

□□□ 4. [ju hæ̂dʒur fírs(t)sélfòun / ə(t)ði êidʒəvéit / dídəntʃù:] (☆)

□□□ 5. [tʃê(k)fóun kɔ̀:lz / í:mèilz / ən dɑ̂ktərzəpɔ́intmənt   ]

□□□ 6. [juərɔ:lrêdi lêi(t)fə jər jóugə klæ̂s / ɑ́ərntʃù:] (★)

Part 3 : 会話文を IPA に直しなさい。必要ならばポーズを入れ、強勢記号とイントネーションライン（ピッチ番号、↑↓）も書き込みなさい。連結はスラー、脱落はカッコに入れて、同化は IPA で書き表しなさい。

□□□ A: The house suddenly feels so empty without Mark, doesn't it? (★)

[

□□□ B: I agree.　He's coming home for Christmas, isn't he? (☆)

[

□□□ A: Yes.　He'll be home in three months.

[

47

Fun IPA

ID: _____

Name: _____

Lesson 20：イントネーション　－感嘆文・話者の意図・強調－（Intonation Part 3）

学習ポイント

感嘆文は感嘆の中心となる語に強い強勢がおかれ、ピッチはレベル４まで上昇する。また、話者の
意図・強調を反映する場合、その部分に強い強勢が置かれ、ピッチはレベル３まで上昇する。

① 感嘆文　［2-4-1 ↓］

Whât a surpríse!　［ wɑ̂t‿ə sərpráiz ↓］　　Hôw ínteresting!　［ hâu íntərəstiŋ ↓］

Hôw líght the computer îs!　［ hâu lái(t) ðə kəmpjûːtər‿îz ↓］

②話者の意図

"Who saw UFOs?"　"Hé sâw one."　（疑問詞疑問文に対する答え）

I'm gôing to Báker Béach with my frîends.　（固有名詞）

They hâve thrée chíldren.　（数詞＋名詞）

I wânt a vídeo gàme, / nôt a bóok.　（対比：ＡではなくＢ「本ではなくビデオゲーム」）

Sômeone âte mý chôcolate!　（対比：「他にもチョコレートがあったのに、よりによって私の」）

Mêet us *thís* Sâturday.　（アピール）

② 強調

The chîld díd lîke it.　I dó lôve my nêw apârtment.　I mysélf pâcked the sûitcàse.

Part 1：英文を IPA に直しなさい。強勢記号とイントネーションライン（ピッチ番号、↑
↓）も書き込みなさい。連結はスラー、脱落はカッコに入れて、同化は IPA で書き表しな
さい。

□□□ 1. What a coincidence!

[　　　　　　　　　　　　　　　　　　　　　　　　　　　]

□□□ 2. How beautiful!

[　　　　　　　　　　　　　　　　　　　　　　　　　　　]

□□□ 3. We met at Jake's wedding.

[　　　　　　　　　　　　　　　　　　　　　　　　　　　]

□□□ 4. It *is* an old car.

[　　　　　　　　　　　　　　　　　　　　　　　　　　　]

□□□ 5. There was one problem with it.

[　　　　　　　　　　　　　　　　　　　　　　　　　　　]

Fun IPA

ID: ....

Name: ....

Part 2：IPA を読み、スペリングを書きなさい。IPA にイントネーションライン（ピッチ番号、↑↓）も書き込みなさい。　　※音のつながりがある箇所の IPA に注意

□□□ 1. [wûtənɔ́ːfəl wîːk　/ wi hǽd　　]

□□□ 2. [hâu smɑ́ər(t)ðə pǽrə(t)wʌz　　]

□□□ 3. [ai wʌz hôum　/ stʌdiiŋɔ̂ːl bai maisélf　　]　（"I told you to stay home!"に対して）

□□□ 4. [ðə kəmpôuzer himsélf　/ kəndʌ́ktədə símfəni ɔ̀ərkəstrə　　]

□□□ 5. [wi nîːdʒúər səpɔ̂ərt　/ əntilauər drîːmz kʌm trúː　　]

□□□ 6. [əʒu ikspéktəd　/ ðə kûər dí(d)brêi(k)dâun　　]

Part 3：会話文を IPA に直しなさい。必要ならばポーズを入れ、強勢記号とイントネーションライン（ピッチ番号、↑↓）も書き込みなさい。連結はスラー、脱落はカッコに入れて、同化は IPA で書き表しなさい。

□□□ A: My flight was terrible because of the turbulence.

　　[

□□□ B: You do look worn out.

　　[

□□□ A: I should have taken a train, not an airplane.

　　[

Can you spot the sound?

ei u

æ eə ə i

au ɔː ɑər ʌ ɑ

uər ai

iər

iː ɔi uː

ɔər e

ər ou

How about these consonants?

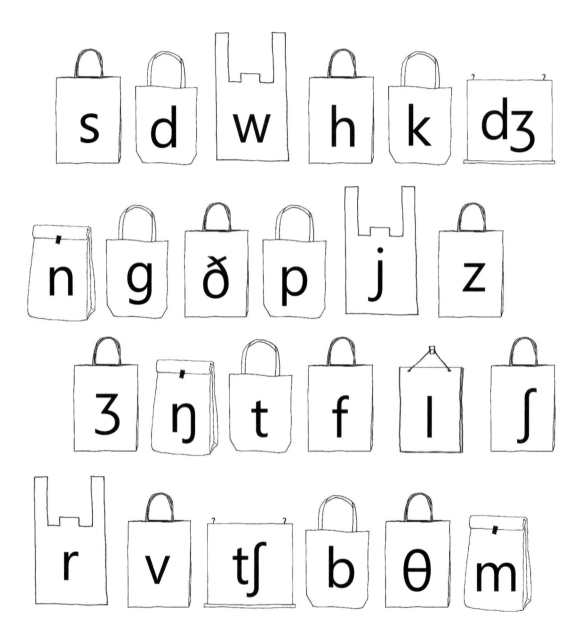

Fun IPA Transcription
a new perspective for practical phonetics

英語音声表記トレーニング・ワークブック

2019 年 1 月 15 日 初 版

著　　者 ⓒ 今 井 由 美 子

ⓒ 上 田 洋 子

ⓒ 大 塚 朝 美

発 行 者 佐 々 木 元

発 行 所 株式会社 英 宝 社

〒101-0032 東京都千代田区岩本町 2-7-7
☎ [03] (5833) 5870　Fax [03] (5833) 5872

ISBN 978-4-269-63016-1 C1082
印刷・製本：モリモト印刷株式会社

本書の一部または全部を、コピー、スキャン、デジタル化等での無
断複写・複製は、著作権法上での例外を除き禁じられています。本
書を代行業者等の第三者に依頼してのスキャンやデジタル化は、た
とえ個人や家庭内での利用であっても著作権侵害となり、著作権法
上一切認められておりません。